谁执法谁普法

教科文卫普法宣传册丛书

（漫画故事版）

文物普法宣传册

中国社会科学院法学研究所法治宣传教育与公法研究中心◎组织编写

总 顾 问：张苏军
总 主 编：莫纪宏
本册主编：陈百顺　刘佳迪

中国出版集团
中国民主法制出版社
全国百佳图书出版单位

图书在版编目（CIP）数据

文物普法宣传册 : 漫画故事版 / 中国社会科学院法学研究所法治宣传教育与公法研究中心组织编写 ; 陈百顺，刘佳迪分册主编. --北京 : 中国民主法制出版社，2017.6

（教科文卫普法宣传册丛书 / 莫纪宏总主编）

ISBN 978-7-5162-1532-6

Ⅰ. ①文… Ⅱ. ①中… ②陈… ③刘… Ⅲ. ①文物保护法－中国－普及读物 Ⅳ. ①D922.165

中国版本图书馆CIP数据核字（2017）第142635号

责任编辑 / 严月仙
装帧设计 / 郑文娟

书　　名 / 文物普法宣传册（漫画故事版）
作　　者 / 中国社会科学院法学研究所法治宣传教育与公法研究中心
本册主编 / 陈百顺　刘佳迪

出版·发行 / 中国民主法制出版社
社　　址 / 北京市丰台区右安门外玉林里7号（100069）
电　　话 / 010-62155988
传　　真 / 010-62168123
经　　销 / 新华书店
开　　本 / 880mm×1230mm　1/32
印　　张 / 2
字　　数 / 39千字
版　　本 / 2017年7月第1版　　2017年7月第1次印刷
印　　刷 / 北京精乐翔印刷有限公司

书　　号 / ISBN 978-7-5162-1532-6
本套定价 / 80.00元（共10册）

搞好法治宣传教育
营造良好法治氛围

为深入扎实推进“七五”普法工作，中国社会科学院法学研究所联合中国民主法制出版社组织专家学者精心编辑出版了“全面推进依法治国精品书库（六大系列）”，即《全国“七五”普法系列教材（以案释法版，25册）》《青少年法治教育系列教材（法治实践版，30册）》《新时期法治宣传教育工作理论与实务丛书（30册）》《“谁执法（主管）谁普法”系列丛书（以案释法版，80册）》《“七五”普法书架——以案释法系列丛书（60册）》和《“谁执法（主管）谁普法”系列宣传册（漫画故事版，100册）》。

其中，实行“谁执法谁普法，谁主管谁负责”是贯彻落实中央精神、贯彻实施“七五”普法规划、深入推进新一轮全国法治宣传教育活动的重要举措。这一重要举措的切实实施，有利于充分发挥执法部门、行业主管的职能优势和主导作用，扩大普法依法治理工作覆盖面，增强法治宣传教育的针对性、专业性，促进执法与普法工作的有机结合，有利于各部门、各行业分工负责、各司其职、齐抓共管的大普法工作格局的形成。

为了配合各地做好“谁执法谁普法，谁主管谁负责”工作，我们组织编写了这套《“谁执法（主管）谁普法”系列宣传册（漫画故事版，100册）》。该套丛书选取各行业执法或主管所涉及的法律法规的主要条文，以漫画故事的展开，深入浅出，通俗易懂，具有较强的实用性和操作性，对于增强行政管理对象和干部群众的法治意识具有积极意义。

本套丛书在编写过程中得到了中国法学会领导和中国社会科学院法学研究所专家的大力支持。希望丛书的出版，能够为深入推进行业普法起到应有作用，更好地营造尊法学法守法用法的良好氛围。

本书编委会

2017年4月

目 录

三、文物行政执法

四、文化保护其他相关法规

一、文物保护

漫画故事1

过失毁坏受保护的珍贵文物，要承担法律责任吗？

《中华人民共和国刑法》：过失损毁省级文物保护单位造成严重后果的，处三年以下有期徒刑或者拘役。

元旦期间，李某驾车携妻儿到某省重点文物保护单位游玩。在游玩过程中，李某的妻子发现景区后院拐角处有一小门，这个小门与旁边一座宋代砖木结构的佛像供奉塔相接。该塔由于年代久远，濒临坍塌，正在修缮中。妻子当时对李某说：“待会儿我们从这出去，这儿上公路近。”

下午，李某与妻儿游完全部景点后，回到停车场。妻子再次要求李某从后门驾车离开。李某驾车沿供行人通行的甬道通过大院的过程中，该单位的管理人员曾叫其停车，并告知：“大院内不准开车！”李某拒不停车，继续将车开往后院，准备通过后门上公路，但门洞过窄，车辆无法通过。李某一边抱怨其妻子，一边倒车。李某在倒车前没有仔细观察车后的情况，将支撑宋代古塔的一根圆木撞倒，引起古塔的一角坍塌。李某被及时赶到的管理人员带到了附近的派出所。经公安机关现场勘查，古塔一角完全坍塌，属于严重毁坏。人民检察院依法对李某提起公诉。

一审法院经审理认为，

李某在国家重点文物保护单位院内违反规定驾车，全然不顾该单位院内建筑密集、游人众多的事实，主观上对在院内驾车可能伤及游人和院内珍贵文物的危险轻信可以避免。客观上，李某在驾车的过程中疏忽大意，没有按照机动车操作规范的要求做到安全驾驶。在未查明车后情况下，盲目倒车，导致国家珍贵文物严重毁坏。李某的行为侵犯了国家对珍贵文物的正常管理活动和文物的安全和完整，依法应当追究李某过失毁坏文物罪。

案例点睛

李某在驾驶机动车的过程中，其侵犯的客体是国家珍贵文物的安全和国家对珍贵文物的管理秩序，因此构成了过失毁坏国家珍贵文物的犯罪行为。

过失毁坏国家保护的珍贵文物的犯罪是指出于过失的主观过错，毁坏国家保护的珍贵文物或者被确定为全国重点文物保护单位、省级重点文物保护单位的文物，并且造成了严重后果的行为。我国文物保护法第二条规定，在中华人民共和国境内，下列文物受国家保护：具有历史、艺术、科学价值的古文化遗址、古墓葬、古建筑、石窟寺和石刻、壁画；与重大历史事件、革命运动或者著名人物有关的以及具有重要纪念意义、教育意义或者史料价值的近代现代重要史迹、实物、代表性建筑；历史上各时代珍贵的艺术品、工艺美术品；历史上各时代重要的文献资料以及具有历史、艺术、科学价值的手稿和图书资料等；反映历史上各时代、各民族社会制度、社会生产、社会生活的代表性实物。具有科学价值的古脊椎动物化石和古人类化石同文物一样受国家保护。

本案中，李某的行为对省文物保护单位的文物造成了严重的破坏。同时，李某损坏国家重点文物的行为主观上并没有故意地追求这种结果的发生，属于过失。所以依法追究李某过失毁坏文物罪是正确的。根据刑法第三百二十四条第三款的规定，过失损毁国家保护的珍贵文物或者被确定为全国重点文物保护单位、省级文物保护单位的文物，造成严重后果的，处三年以下有期徒刑或者拘役。

法条链接

《中华人民共和国刑法》

第三百二十四条第三款 过失损毁国家保护的珍贵文物或者被确定为全国重点文物保护单位、省级文物保护单位的文物，造成严重后果的，处三年以下有期徒刑或者拘役。

《中华人民共和国文物保护法》

第二条 在中华人民共和国境内，下列文物受国家保护：

（一）具有历史、艺术、科学价值的古文化遗址、古墓葬、古建筑、石窟寺和石刻、壁画；

（二）与重大历史事件、革命运动或者著名人物有关的以及具有重要纪念意义、教育意义或者史料价值的近代现代重要史迹、实物、代表性建筑；

（三）历史上各时代珍贵的艺术品、工艺美术品；

（四）历史上各时代重要的文献资料以及具有历史、艺术、科学价值的手稿和图书资料等；

（五）反映历史上各时代、各民族社会制度、社会生产、社会生活的代表性实物。

文物认定的标准和办法由国务院文物行政部门制定，并报国务院批准。

具有科学价值的古脊椎动物化石和古人类化石同文物一样受国家保护。

漫画故事 2

政府部门有权决定拆除文物保护单位吗？

《中华人民共和国文物保护法》：建设工程选址，应当尽可能避开不可移动文物；因特殊情况不能避开的，对文物保护单位应当尽可能实施原址保护。

A区某名人旧居于1982年被确定为某市重点文物保护单位。随着四周不断建造起商品房，当地房地产开发商认为某名人旧居的存在影响了连片开发。1999年，该市市政府以该市A、B两区有两处该名人旧居为由，下文撤销A区某名人旧居的文物保护单位称号。迫于压力，该市博物馆开始转移馆内的文物，同时向有关方面紧急反映情况。

2000年10月15日，该省文物保护部门给该市发出关于保护A区某名人旧居的紧急函，要求就地保护，谁拆谁负责。

2001年3月，该市政府开会决定拆除A区该名人旧居，并要求文物部门在3月11日下午前将旧居内的所有文物资料全部清理完毕。2001年3月13日，A区该名人旧居被一家房屋开发商拆毁。3月14日，当省文物保护局领导赶到现场时，该旧居已成废墟。市政府有关部门辩称，A区该名人旧居是县级文物保护单位，市政府有权决定拆除旧居，属于行政执法。

案例点睛

本案中，该市政府决定拆除A区某名人旧居是不当的，该市市政府只有核定公布市县级文物保护单位的权利，没有拆除或迁移市县级文物保护单位的权利。根据文物保护法相关规定，市级和县级文物保护单位分别由设区的市、自治州和县级人民政府核定公布，并报省、自治区、直辖市人民政府备案。A区该名人旧居为“某市重点文物保护单位”，在管理上应受省级人民政府监督。

文物保护法同时规定，建设工程选址，应当尽可能避开不可移动文物；因特殊情况不能避开的，对文物保护单位应当尽可能实施原址保护。无法实施原址保护，必须迁移异地保护或者拆除的，应当报省、自治区、直辖市人民政府批准；迁移或者拆除省级文物保护单位的，批准前须征得国务院文物行政部门同意。全国重点文物保护单位不得拆除；需要迁移的，须由省、自治区、直辖市人民政府报国务院批准。

法条链接

《中华人民共和国文物保护法》

第十三条第三款　市级和县级文物保护单位，分别由设区的市、自治州和县级人民政府核定公布，并报省、自治区、直辖市人民政府备案。

《中华人民共和国文物保护法》

第二十条　建设工程选址，应当尽可能避开不可移动文物；因特殊情况不能避开的，对文物保护单位应当尽可能实施原址保护。

实施原址保护的，建设单位应当事先确定保护措施，根据文物保护单位的级别报相应的文物行政部门批准，并将保护措施列入可行性研究报告或者设计任务书。

无法实施原址保护，必须迁移异地保护或者拆除的，应当报省、自治区、直辖市人民政府批准；迁移或者拆除省级文物保护单位的，批准前须征得国务院文物行政部门同意。全国重点文物保护单位不得拆除；需要迁移的，须由省、自治区、直辖市人民政府报国务院批准。

依照前款规定拆除的国有不可移动文物中具有收藏价值的壁画、雕塑、建筑构件等，由文物行政部门指定的文物收藏单位收藏。

本条规定的原址保护、迁移、拆除所需费用，由建设单位列入建设工程预算。

漫画故事3

违规修缮是否应制止？

《中华人民共和国文物保护法》：文物保护单位的修缮、迁移、重建，由取得文物保护工程资质证书的单位承担。

甲省A市某卫生学校，2010年被公布为市级文物保护单位。2011年学校计划进行修缮，却未向文物部门申报。2011年6月，某施工单位在文物保护单位的保护范围内挖坑进行基本建设，并在临街楼体东侧搭起脚手架，罩上绿纱网，对窗套及室内的墙体进行修缮。据悉，该施工单位并没有取得文物行政主管部门发给的相应等级的文物保护工程资质证书和建设行政主管部门发给的相应等级的资质证书。经该市文物管理站现场核实，这是一项未经报批就擅自施工的违法工程，遂立即下达了停工令。

案例点睛

文物具有不可复制、不可再生的特性，因此对文物原状的破坏是不可逆的，一旦造成损失亦无法弥补。文物保护法规定，对文物保护单位进行修缮，应当根据文物保护单位的级别报相应的文物行政部门批准。文物保护单位的修缮、迁移、重建，由取得文物保护工程资质证书的单位承担。文物保护法实施条例也规定了承担文物保护单位的修缮、迁移、重建工程的单位，应当同时取得文物行政主管部门发给的相应等级的文物保护工程资质证书和建设行政主管部门发给的相应等级的资质证书。本案中，施工单位不履行法律程序就擅自施工，若对文物建筑造成破坏损失将无法估量，因此对违法修缮必须依法制止。

法条链接

《中华人民共和国文物保护法》

第二十一条 国有不可移动文物由使用人负责修缮、保养；非国有不可移动文物由所有人负责修缮、保养。非国有不可移动文物有损毁危险，所有人不具备修缮能力的，当地人民政府应当给予帮助；所有人具备修缮能力而拒不依法履行修缮义务的，县级以上人民政府可以给予抢救修缮，所需费用由所有人负担。

对文物保护单位进行修缮，应当根据文物保护单位的级别报相应的文物行政部门批准；对未核定为文物保护单位的不可移动文物进行修缮，应当报登记的县级人民政府文物行政部门批准。

文物保护单位的修缮、迁移、重建，由取得文物保护工程资质证书的单位承担。

对不可移动文物进行修缮、保养、迁移，必须遵守不改变文物原状的原则。

《中华人民共和国文物保护法实施条例》

第十五条 承担文物保护单位的修缮、迁移、重建工程的单位，应当同时取得文物行政主管部门发给的相应等级的文物保护工程资质证书和建设行政主管部门发给的相应等级的资质证书。其中，不涉及建筑活动的文物保护单位的修缮、迁移、重建，应当由取得文物行政主管部门发给的相应等级的文物保护工程资质证书的单位承担。

漫画故事 4

全国重点文物保护单位能否被承包?

《中华人民共和国文物保护法》：国有不可移动文物不得转让、抵押。

A省B市C县的古塔寺在2008年5月被列为全国重点文物保护单位，2008年6月A省接到群众举报，该古塔寺的塔基座四周的雕像有的被砍去了胳膊，有的被砍去了头部，有的甚至被盗走。更为严重的是，塔内极有价值的辽代壁画已经被破坏得面目全非。

A省文物局在得知此事后，责成B市文物局调查核实。经B市文物局调查发现，

C县文化旅游部门将古塔寺承包给了当地5个私人进行经营，并要求此5人每年上缴10万元门票收入。这5人接手后，在古塔寺的四周新增了一圈1米高的栏杆，再未采取其他保护措施，最终导致了古塔寺的严重破坏。对此，C县政府责令立即解除古塔寺的承包合同，将古塔寺交由文管所管理。

案例点睛

文物保护法规定，国有不可移动文物不得转让、抵押。建立博物馆、保管所或者辟为参观游览场所的国有文物保护单位，不得作为企业资产经营。C县文化旅游部门贪图微利，擅改管理方式，将国有文物保护单位交由他人管理，违反了相关法律法规的规定，应当接受处罚。

法条链接

《中华人民共和国文物保护法》

第二十四条 国有不可移动文物不得转让、抵押。建立博物馆、保管所或者辟为参观游览场所的国有文物保护单位，不得作为企业资产经营。

漫画故事 5

不可移动文物损坏，谁来修缮，谁来出资？

《中华人民共和国文物保护法》：不得损毁、改建、添建或者拆除不可移动文物。

A省B市C村为古民居建筑群，在2001年6月被列为国家重点保护文物。文物部门规定，修建时必须在文物部门的指导下，依照维持原貌的原则，保持整体的建筑风格。

2013年4月末，该村村民赵某发现自己家房子的山墙已经严重破损，快要倒塌了。鉴于该村的民居建筑是文物，赵某在修墙之前便和村里打了招呼。但是，村委会告诉赵某，因为整个村子是文物，村委会并没有批准维修的权利，让其去找设在村里的民俗文化建设指挥部。赵某提到既然房子是文物，修墙如果修成原样肯定会花较多的钱，于是就请求指挥部给自己一些修缮补贴。对于赵某的请求，指挥部指出，文物处管辖的国家经费没有对个人房屋维修的计划，这笔经费主要用在对环境整治、大面积公益设施的维修上，所以拒绝了赵某的请求。赵某对此十分不满，认为房子虽然是文物，但还是自己的财产，为了安全就自己设计并动手拆除、维修了这面山墙。指挥部得到消息后，责令赵某推倒重修、恢复原状。

案例点睛

本案中的修缮对象是已经被确定为全国重点文物保护单位的文物，赵某未经批准擅自对已经确定为国家重点文物保护单位的房屋进行修缮是不合法的。

文物保护法规定，国有不可移动文物由使用人负责修缮、保养；非国有不可移动文物由所有人负责修缮、保养。非国有不可移动文物有损毁危险，所有人不具备修缮能力的，当地人民政府应当给予帮助；所有人具备修缮能力而拒不依法履行修缮义务的，县级以上人民政府可以给予抢救修缮，所需费用由所有人负担。本案中，该房屋建筑虽然已确定为全国重点保护单位，但产权仍属于赵某，房屋的修缮费用应由赵某负责。

文物保护法同时规定，使用不可移动文物，必须遵守不改变文物原状的原则，负责保护建筑物及其附属文物的安全，不得损毁、改建、添建或者拆除不可移动文物。赵某在修缮山墙的时候并未按照原样进行修复，因此民俗文化建设指挥部责令赵某推倒重修、恢复原状是正确的。

法条链接

《中华人民共和国文物保护法》

第二十六条 使用不可移动文物，必须遵守不改变文物原状的原则，负责保护建筑物及其附属文物的安全，不得损毁、改建、添建或者拆除不可移动文物。

对危害文物保护单位安全、破坏文物保护单位历史风貌的建筑物、构筑物，当地人民政府应当及时调查处理，必要时，对该建筑物、构筑物予以拆迁。

漫画故事 6

私自发掘古墓应负什么法律责任?

《中华人民共和国文物保护法》：地下埋藏的文物，任何单位或者个人都不得私自发掘。

2005年8月的一天，孙某听说某县一家砖窑厂在取土时发现一座古墓，古墓里的东西很值钱，便邀其朋友胡某、吕某、江某对古墓进行盗掘。

8月末，孙某、胡某、吕某、江某四人携带罗盘、皮尺、照相机、铁杵、扳手、铁锹、麻绳等工具来到墓地挖掘。孙某等人共挖出文物七件，其中国家二级文物一件，三级文物三件，均藏匿于孙某家中。案发后，公安机关将被盗文物全部追回。当地法院一审判处孙某有期徒刑一年，胡某、吕某、江某被判拘役六个月。

案例点睛

文物保护法规定，地下埋藏的文物，任何单位或者个人都不得私自发掘。孙某等四人盗掘古墓的行为已构成犯罪，应依法追究其刑事责任。根据刑法第三百二十八条规定，盗掘具有历史、艺术、科学价值的古文化遗址、古墓葬的，处三年以上十年以下有期徒刑，并处罚金；情节较轻的，处三年以下有期徒刑、拘役或者管制，并处罚金。由于孙某等四人盗掘古墓获得的文物级别较低，属于情节较轻的情形，因此当地法院判处孙某有期徒刑一年，胡某、吕某、江某被判拘役六个月的刑期合理。

法条链接

《中华人民共和国文物保护法》

第二十七条 一切考古发掘工作，必须履行报批手续；从事考古发掘的单位，应当经国务院文物行政部门批准。

地下埋藏的文物，任何单位或者个人都不得私自发掘。

《中华人民共和国文物保护法》

第六十四条 违反本法规定，有下列行为之一，构成犯罪的，依法追究刑事责任：

（一）盗掘古文化遗址、古墓葬的；

（二）故意或者过失损毁国家保护的珍贵文物的；

（三）擅自将国有馆藏文物出售或者私自送给非国有单位或者个人的；

（四）将国家禁止出境的珍贵文物私自出售或者送给外国人的；

（五）以牟利为目的倒卖国家禁止经营的文物的；

（六）走私文物的；

（七）盗窃、哄抢、私分或者非法侵占国有文物的；

（八）应当追究刑事责任的其他妨害文物管理行为。

《中华人民共和国刑法》

第三百二十八条 盗掘具有历史、艺术、科学价值的古文化遗址、古墓葬的，处三年以上十年以下有期徒刑，并处罚金；情节较轻的，处三年以下有期徒刑、拘役或者管制，并处罚金；有下列情形之一的，处十年以上有期徒刑或者无期徒刑，并处罚金或者没收财产：

（一）盗掘确定为全国重点文物保护单位和省级文物保护单位的古文化遗址、古墓葬的；

（二）盗掘古文化遗址、古墓葬集团的首要分子；

（三）多次盗掘古文化遗址、古墓葬的；

（四）盗掘古文化遗址、古墓葬，并盗窃珍贵文物或者造成珍贵文物严重破坏的。

盗掘国家保护的具有科学价值的古人类化石和古脊椎动物化石的，依照前款的规定处罚。

漫画故事 7

地下埋藏物的所有权归谁?

《关于贯彻执行〈中华人民共和国民法通则〉若干问题的意见（试行）》：公民对于挖掘的埋藏物，如果能够证明属其所有，而且根据现行的法律、政策又可以归其所有的，应当予以保护。

朱某一家生活在某市一个偏僻的村子，2009年因孩子上学问题举家搬迁到市里居住，将祖宅以30万元卖给了宋某。2011年，该村修建马路，政府要求宋某拆迁祖宅。宋某在挖掘宅院大厅地面石砖时挖出一坛清乾隆年间的银元宝。朱某在听闻这个消息后立即找到宋某，称这些银元宝是其曾祖父所埋，应归还给他。宋某则称，此房他已买下，是这房屋的所有人，房屋下所挖的东西当然应归他所有。二人相争不下，最后朱某只好向法院起诉，要求宋某归还元宝，同时还提供证据表明此房确为其曾祖父所留，并且可以证明元宝也为其曾祖父所埋。

在案件的审理过程中，有人提出，这些元宝属于地下埋藏文物，是限制流通物，根据有关法律规定，应一律归国家所有。银元宝是否归朱某所有呢？

案例点睛

本案中，房屋虽然卖给宋某，但此银元宝仍归朱某所有，宋某应归还给朱某。《最高人民法院关于贯彻执行〈民法通则〉若干问题的意见（试行）》第九十三条规定，公民、法人对于挖掘、发现的埋藏物、隐藏物，如果能够证明属其所有，而且根据现行的法律、政策又可以归其所有的，应当予以保护。本案中的银元宝并非所有人不明，朱某有证据证明元宝是其曾祖父所埋，虽然文物属于限制流通物，但我国法律并不禁止公民个人合法拥有，因此应判归朱某所有。案中有人提出文物一律归国家所有的观点是不正确的。

另外，为了保护文物，文物保护法也规定了在进行建设工程或者在农业生产中，任何单位或者个人发现文物，应当保护现场，立即报告当地文物行政部门。文物行政部门接到报告后，如无特殊情况，应当在二十四小时内赶赴现场，并在七日内提出处理意见。文物行政部门可以报请当地人民政府通知公安机关协助保护现场；发现重要文物的，应当立即上报国务院文物行政部门，国务院文物行政部门应当在接到报告后十五日内提出处理意见。

法条链接

《中华人民共和国文物保护法》

第三十二条 在进行建设工程或者在农业生产中，任何单位或者个人发现文物，应当保护现场，立即报告当地文物行政部门，文物行政部门接到报告后，如无特殊情况，应当在二十四小时内赶赴现场，并在七日内提出处理意见。文物行政部门可以报请当地人民政府通知公安机关协助保护现场；发现重要文物的，应当立即上报国务院文物行政部门，国务院文物行政部门应当在接到报告后十五日内提出处理意见。

依照前款规定发现的文物属于国家所有，任何单位或者个人不得哄抢、私分、藏匿。

《关于贯彻执行〈中华人民共和国民法通则〉若干问题的意见（试行）》

第九十三条 公民、法人对于挖掘、发现的埋藏物、隐藏物，如果能够证明属其所有，而且根据现行的法律、政策又可以归其所有的，应当予以保护。

漫画故事 8

出土文物不移交终至流失谁之过？

《中华人民共和国文物保护法》：考古发掘的文物，应当登记造册，妥善保管。

梁某原为A市B县文化局的职工，对一般文物有所研究，后来便下海做起玉石生意。在生意往来中，梁某认识了做过考古工作的范某，并通过范某结识了身为A市博物馆考古部的刘某。刘某曾多次参加一些古墓的考古发掘工作，是丝织品文物方面的专家。

2000年—2001年，经国家文物局批准，A市博物馆组织考古发掘队对一古墓葬进行两次发掘，刘某是主要发掘人员之一，对两次挖掘出土的十五件丝织品文物进行保管、整理并研究。在此期间，梁某经常以学习考古知识为名频繁出入刘某的住处，并想方设法获取了刘某的信任。

2005年，梁某认识了B

县钢材厂职工李某，李某对文物也稍有了解。此人在C市走私汽车时认识了国际走私贩葛某。受葛某的委托，李某回A市寻觅珍贵文物。

于是，梁某便多次从刘某处借出其保管的十五件文物，中途归还了五件，其余十件文物均倒卖给了葛某。十件文物中，八件为国家一级文物、两件为国家二级文物，共卖得赃款20万元。

案例点睛

文物保护法规定，考古发掘的文物，应当登记造册，妥善保管，按照国家有关规定移交给由省、自治区、直辖市人民政府文物行政部门或者国务院文物行政部门指定的国有博物馆、图书馆或者其他国有收藏文物的单位收藏。经省、自治区、直辖市人民政府文物行政部门批准，从事考古发掘的单位可以保留少量出土文物作为科研标本。考古发掘的文物，任何单位或者个人不得侵占。刘某作为古墓葬的主要发掘人员之一，出土的文物应按规定移交博物馆保管，在这么长的时间内，私自保管是违法的。

考古发掘管理办法规定，考古发掘领队人员在该项考古发掘工作结束后，应及时、认真地做好文物出土文物、各类标本、有关资料的整理工作。考古发掘所获得的出土文物和各种资料归国家所有。考古发掘领队人员在考古发掘项目结束后应将有关资料及时交本单位资料室保管，出土文物和各类标本按出土时的登记表向库房移交。考古资料移交时要有专人负责核实、接收，文物移交时要填写入库登记表。造成古遗址、古墓葬和珍贵文物损毁构成犯罪的，依法追究刑事责任。

法条链接

《中华人民共和国文物保护法》

第三十四条 考古调查、勘探、发掘的结果，应当报告国务院文物行政部门和省、自治区、直辖市人民政府文物行政部门。

考古发掘的文物，应当登记造册，妥善保管，按照国家有关规定移交给由省、自治区、直辖市人民政府文物行政部门或者国务院文物行政部门指定的国有博物馆、图书馆或者其他国有收藏文物的单位收藏。经省、自治区、直辖市人民政府文物行政部门批准，从事考古发掘的单位可以保留少量出土文物作为科研标本。

考古发掘的文物，任何单位或者个人不得侵占。

《考古发掘管理办法》

第二十二条 考古发掘领队人员在该项考古发掘工作结束后，应及时、认真地做好出土文物、各类标本、有关资料（包括文字记录、各种登记表格、照片、图纸）的整理工作。

《考古发掘管理办法》

第二十八条 违反本办法规定，造成古遗迹、古墓葬和珍贵文物损毁构成犯罪的，依法追究刑事责任。

漫画故事 9

国有文物能被随意复制吗？

《中华人民共和国文物保护法》：复制、拍摄、拓印馆藏文物，不得对馆藏文物造成损害。

某市艺术博览会上，某厂家把南越国文物龙凤纹重环玉佩做成几十样艺术品公开叫卖。一家网站甚至在网上销售兽兽衔环玉辅首壁挂，图形与某博物馆中挂着的原件一模一样。在某一级公路上，不时可以看到兵马俑牌皮装、水泥等广告牌，但这一切与保存着兵马俑的秦始皇兵马俑博物馆没有任何关系。随着对保护历史文化遗产和对文化旅游的重视，文物的价值再一次引起一些商家的关注。一些原本长期深藏的珍贵文物的图案未经批准被设计成商标，或被复制出售。

文物在复制、拍摄、拓印中，若因为保护措施不力，造成损坏，那对文物的价值损失将是无可挽回的。

案例点睛

文物保护法规定，修复馆藏文物，不得改变馆藏文物的原状；复制、拍摄、拓印馆藏文物，不得对馆藏文物造成损害。文物保护法实施条例也规定，修复、复制、拓印馆藏二级文物和馆藏三级文物的，应当报省、自治区、直辖市人民政府文物行政主管部门批准；修复、复制、拓印馆藏一级文物的，应当经省、自治区、直辖市人民政府文物行政主管部门审核后报国务院文物行政主管部门批准。可见，对国有文物的复制，国家有严格的规定，未经批准是绝对不允许复制的。

法条链接

《中华人民共和国文物保护法》

第四十六条 修复馆藏文物，不得改变馆藏文物的原状；复制、拍摄、拓印馆藏文物，不得对馆藏文物造成损害。具体管理办法由国务院制定。

不可移动文物的单体文物的修复、复制、拍摄、拓印，适用前款规定。

《中华人民共和国文物保护法实施条例》

第三十二条 修复、复制、拓印馆藏二级文物和馆藏三级文物的，应当报省、自治区、直辖市人民政府文物行政主管部门批准；修复、复制、拓印馆藏一级文物的，应当经省、自治区、直辖市人民政府文物行政主管部门审核后报国务院文物行政主管部门批准。

漫画故事 10

擅自黏合损坏文物是否违法?

《中华人民共和国文物保护法》：其他馆藏文物损毁的，应当报省、自治区、直辖市人民政府文物行政部门核查处理。

2008年10月，C市某文物收藏单位的保管员张某在检查文物库房时不慎将装在木匣中的二级文物碰掉到地上，致使木匣底部破裂，文物也出现裂痕。张某立即向该单

位负责人齐某汇报此事。齐某在得知此事后并未上报省、自治区、直辖市人民政府文物行政部门核查处理，而是擅作主张，用胶水将该二级文物裂痕处进行黏合。

2009年1月，该文物收藏单位接到通知，该单位收藏的两件一级文物及被摔坏的二级文物将要在文博会上展览，齐某此时才想起向上级部门报告二级文物损坏之事。

案例点睛

本案中，齐某擅作主张将二级文物进行修复是不妥的。文物保护法规定，其他馆藏文物损毁的，应当报省、自治区、直辖市人民政府文物行政部门核查处理；省、自治区、直辖市人民政府文物行政部门应当将核查处理结果报国务院文物行政部门备案。齐某没有在第一时间将该起文物安全事件上报，属于失职；擅自作主用胶水将文物破裂之处进行黏合也是违法的。

法条链接

《中华人民共和国文物保护法》

第四十八条 馆藏一级文物损毁的，应当报国务院文物行政部门核查处理。其他馆藏文物损毁的，应当报省、自治区、直辖市人民政府文物行政部门核查处理；省、自治区、直辖市人民政府文物行政部门应当将核查处理结果报国务院文物行政部门备案。

馆藏文物被盗、被抢或者丢失的，文物收藏单位应当立即向公安机关报案，并同时向主管的文物行政部门报告。

漫画故事11

违规挖掘古墓、倒卖文物如何处罚？

《中华人民共和国文物保护法》：盗掘古文化遗址、古墓葬，擅自将国有馆藏文物出售或者私自送给非国有单位或者个人，构成犯罪的，依法追究刑事责任。

2007年8月，某市博物馆馆长谢某找到文物贩子佟某，要他帮助联系将国家一级文物“双龙首玉带勾”卖掉。同年9月20日，经佟某联系，谢某将玉带勾以50万元卖给了宋某。当天，谢某拿到现款后，付给佟某3万元好处费。

谢某在轻松得到钱之后，又对博物馆中的另一件文物起了歹心。在12月底，宋某提出复制一把玉首剑卖掉，谢某在未经请示上级主管部门的情况下，私自安排该馆工作人员将玉首剑从展厅柜中提出，交与宋某。宋某将玉首剑的玉璧镶嵌在一把仿制的铜剑上，倒卖给了文物贩子贾某。

2009年5月，谢某以“充实馆藏文物，抢救性发掘古墓”为由，在未经上级文物主管部门批准的情况下，与佟某等人在国家重点文物保护单位“××墓群”大肆进行非法挖掘活动，造成了不可挽回的损失。

2010年6月，省博物馆负责人接连收到举报信，检举谢某伙同佟某等人，以文物安全检查为名，在国家重点文物保护单位“××墓群”私自盗挖古墓。省有关部门迅速组成联合调查组进行调查。6月中旬，在省文物局主持下，该市公安局和省文物专家组成的联合清查小组封查库房，发现93件馆藏文物下落不明，其中有两件国家一级馆藏文物。同时，有的珍贵文物既未入账，又未填写入库凭证单，市公安局迅速成立专案组进行彻查。后经检察机关出示了大量的证人证言，证明了谢某等人的违法行为。

案例点睛

文物保护法规定，公民、法人和其他组织不得买卖国家不允许买卖的国有文物。本案中，谢某贪图微利，将国家一级文物倒卖给文物贩子，给国家造成了巨大的经济损失。根据刑法第三百二十六条规定，以牟利为目的，倒卖国家禁止经营的文物，情节严重的，可处5年以下有期徒刑或者拘役，并处罚金；情节特别严重的，可处5年以上10年以下有期徒刑，并处罚金。

一切考古发掘工作，必须履行报批手续；从事考古发掘的单位，应当经国务院文物行政部门批准；地下埋藏的文物，任何单位或者个人都不得私自发掘。谢某私自盗挖古墓群违反了文物保护法第二十七条规定。根据文物保护法第六十四条规定，谢某等人的行为属于盗掘古文化遗址、古墓葬，已构成犯罪，应依法追究其刑事责任。

法条链接

《中华人民共和国文物保护法》

第五十一条 公民、法人和其他组织不得买卖下列文物：

（一）国有文物，但是国家允许的除外；

（二）非国有馆藏珍贵文物；

（三）国有不可移动文物中的壁画、雕塑、建筑构件等，但是依法拆除的国有不可移动文物中的壁画、雕塑、建筑构件等不属于本法第二十条第四款规定的应由文物收藏单位收藏的除外；

（四）来源不符合本法第五十条规定的文物。

《中华人民共和国文物保护法》

第六十四条 违反本法规定，有下列行为之一，构成犯罪的，依法追究刑事责任：

（一）盗掘古文化遗址、古墓葬的；

（二）故意或者过失损毁国家保护的珍贵文物的；

（三）擅自将国有馆藏文物出售或者私自送给非国有单位或者个人的；

（四）将国家禁止出境的珍贵文物私自出售或者送给外国人的；

（五）以牟利为目的倒卖国家禁止经营的文物的；

（六）走私文物的；

（七）盗窃、哄抢、私分或者非法侵占国有文物的；

（八）应当追究刑事责任的其他妨害文物管理行为。

《中华人民共和国刑法》

第三百二十六条 以牟利为目的，倒卖国家禁止经营的文物，情节严重的，处五年以下有期徒刑或者拘役，并处罚金；情节特别严重的，处五年以上十年以下有期徒刑，并处罚金。

单位犯前款罪的，对单位判处罚金，并对其直接负责的主管人员和其他直接责任人员，依照前款的规定处罚。

漫画故事12

在何种情况下拍卖文物违法?

《中华人民共和国文物保护法》：依法设立的拍卖企业经营文物拍卖的，应当取得文物行政部门颁发的文物拍卖许可证。

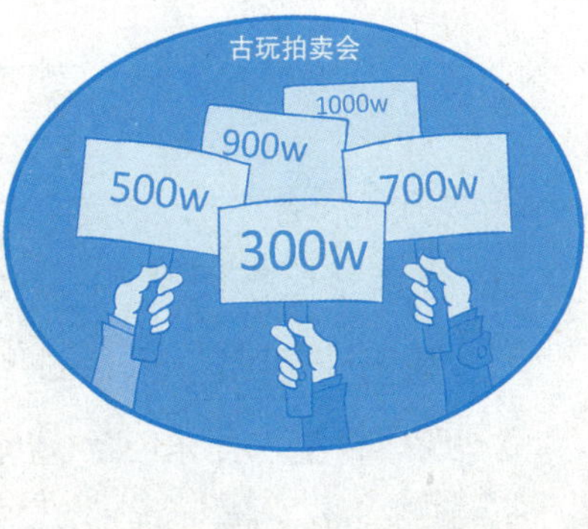

某拍卖公司属于小型拍卖公司，2012年6月该公司从A市B县低价收购了一批文物，该拍卖公司为了扩大公司的影响力准备对这批文物进行拍卖，但公司并未取得相应的文物拍卖许可证。该公司拍卖文物的行为有何违法之处?

案例点睛

首先，该公司并未取得文物拍卖许可证，是没有资格拍卖文物的。文物保护法规定，依法设立的拍卖企业经营文物拍卖的，应当取得省、自治区、直辖市人民政府文物行政部门颁发的文物拍卖许可证。

其次，拍卖公司不能擅自举办文物拍卖会。文物保护法规定，文物拍卖企业拍卖的文物，在拍卖前应当经省，自治区，直辖市人民政府文物行政部门审核，并报国务院文物行政部门备案。省、自治区、直辖市人民政府文物行政部门审核拍卖标的时应当征求有关文物专业机构或专家意见。不能形成一致意见的，应当报国家文物局审核。国家对文物拍卖企业拍卖的珍贵文物拥有优先购买权。国家优先购买的文物的拍卖纪录，由省、自治区、直辖市文物行政部门报国家文物局备案。

最后，拍卖公司不能在自己组织的拍卖活动中拍卖自己的物品。根据拍卖法规定，拍卖人在自己组织的拍卖活动中拍卖自己的物品或者财产权利的，由工商行政管理部门没收拍卖所得。

法条链接

《中华人民共和国文物保护法》

第五十四条 依法设立的拍卖企业经营文物拍卖的，应当取得省、自治区、直辖市人民政府文物行政部门颁发的文物拍卖许可证。

经营文物拍卖的拍卖企业不得从事文物购销经营活动，不得设立文物商店。

《中华人民共和国文物保护法》

第五十六条 文物商店销售的文物，在销售前应当经省、自治区、直辖市人民政府文物行政部门审核；对允许销售的，省、自治区、直辖市人民政府文物行政部门应当作出标识。

拍卖企业拍卖的文物，在拍卖前应当经省、自治区、直辖市人民政府文物行政部门审核，并报国务院文物行政部门备案。

《中华人民共和国拍卖法》

第二十三条 拍卖人不得在自己组织的拍卖活动中拍卖自己的物品或者财产权利。

《中华人民共和国拍卖法》

第六十三条 违反本法第二十三条的规定，拍卖人在自己组织的拍卖活动中拍卖自己的物品或者财产权利的，由工商行政管理部门没收拍卖所得。

漫画故事 13

携带化石出境属于走私文物吗？

《中华人民共和国文物保护法》：文物出境，应当经国务院文物行政部门指定的文物进出境审核机构审核。

韩国人蔡某于某日准备乘某航班前往某国，并选择无申报通道出境，在机场海关旅检处工作人员对其行李进行检查时，发现大量化石，部分化石疑似文物。海关工

作人员将其扣留，并通知了公安机关。公安机关在得到消息后，立即赶赴现场，将蔡某及化石一同带走。

蔡某称这些化石是其在旧货市场购买所得，不知道国家有关化石分级的情况，其选择无申报通道不是出于逃避海关监管的目的；蔡某同时提出古生物化石不是文物，携带古生物化石出境不等于走私文物。后经有关部门对上述化石进行鉴定，蔡某携带的这批化石中有一件古脊椎动物化石视同国家二级文物，一件古脊椎动物化石视同国家三级文物。

经查，蔡某曾多次出入中华人民共和国边境，海关在出境通道处明示文物出境须申报，并在须申报物品展示柜中陈列了化石样品，蔡某对此应有一定的了解。根据刑法的相关规定，经人民法院审理，判定蔡某犯走私文物罪，依法判处其有期徒刑5年，并处罚金人民币7万元。

案例点睛

本案中，韩国人蔡某选择无申报通道出境是不当的。文物保护法规定，任何单位或者个人运送、邮寄、携带文物出境，应当向海关申报；海关凭文物出境许可证放行。蔡某携带大量古生物化石并选择无申报通道出境，显系逃避海关监管的行为，具有走私古生物化石的故意。至于蔡某是否明确知道中国化石分级的情况，不影响对其走私古生物化石的故意和行为的认定。文物保护法明确规定，具有科学价值的古脊椎动物化石和古人类化石同文物一样受国家保护，故蔡某走私古脊椎动物化石和古人类化石也属于走私文物的行为。

法条链接

《中华人民共和国文物保护法》

第六十一条 文物出境，应当经国务院文物行政部门指定的文物进出境审核机构审核。经审核允许出境的文物，由国务院文物行政部门发给文物出境许可证，从国务院文物行政部门指定的口岸出境。

任何单位或者个人运送、邮寄、携带文物出境，应当向海关申报；海关凭文物出境许可证放行。

漫画故事 14

贪污古董销售款如何判刑?

《中华人民共和国文物保护法》：滥用职权、玩忽职守、徇私舞弊，造成国家保护的珍贵文物损毁或者流失的，对负有责任的主管人员和其他直接责任人员依法给予行政处分；构成犯罪的，依法追究刑事责任。

2015年5月20日，A省B市C县村民苏某在县城南街挖下水道施工时，挖出一对古董花瓶。5月25日该县公安局巡警大队接到群众举报，将花瓶扣押。经A省B市文物商店的

有关人员鉴定为“龙泉青瓷大花瓶”，属于国家二级文物。

同年10月15日，该县公安局局长夏某告诉巡警大队队长沈某，县里有关领导同意出售花瓶，随后沈某便同中队长乔某连夜带着花瓶赶赴文物商店出售，双方谈定花瓶总价为30万元。沈某向对方提出，成交单分两张开，一张为25万元，另一张为5万元，并且将25万元成交单上的数量写明两件。另外一张五万元的成交单，以现金方式支付，文物商店同意了该要求。随后，沈某将洽谈情况向公安局局长夏某作了汇报，夏某同意花瓶出售。10月21日上午，沈某和乔某从文物商店领取了25万元的汇票单。沈某提出5万元现金，局长夏某得2.5万元，沈某得1.5万元，乔某得1万元。

后三人贪污古董销售款的事情被群众举报，公诉机关依法提起公诉。经法院审理，夏某、沈某、乔某的行为已构成贪污罪，鉴于被告人清退了赃款，依法判处夏某有期徒刑2年，缓刑2年；沈某、乔某有期徒刑1年，缓刑2年。

案例点睛

本案中，出土的古花瓶为国家二级文物，按规定应属于国家所有，应依法上交。文物保护法规定，国有文物不得买卖，国家允许的除外。该县领导作出了同意出售古花瓶的决定是违法行为，文物商店收购出土文物、开假票据也属于违法行为。

根据文物保护法规定，公安机关、工商行政管理部门、海关、城乡建设规划部门和其他国家机关，滥用职权、玩忽职守、徇私舞弊，造成国家保护的珍贵文物损毁或者流失的，对负有责任的主管人员和其他直接责任人员依法给予行政处分；构成犯罪的，依法追究刑事责任。

法条链接

《中华人民共和国文物保护法》

第七十八条 公安机关、工商行政管理部门、海关、城乡建设规划部门和其他国家机关，违反本法规定滥用职权、玩忽职守、徇私舞弊，造成国家保护的珍贵文物损毁或者流失的，对负有责任的主管人员和其他直接责任人员依法给予行政处分；构成犯罪的，依法追究刑事责任。

二、博物馆管理

漫画故事15

博物馆馆长购买文物是否违法?

《中华人民共和国文物保护法》：国有文物所有权受法律保护，不容侵犯。

2009年8月，乙省B市文化局职工方某在其朋友陈某处听闻该市某县的农民徐某挖出了几尊古代铜像。于是，把此消息告诉了B市博物馆馆长郑某和副馆长杨某。9月的一个周末，郑某打电话给方某和杨某，一起去该县农民家中看这几尊铜像。经郑某认定，这几尊铜像为国家文物，便花了一万元买下了这几尊铜像，并一直自己保存着。

2010年5月，该县公安局刑警大队接到群众举报，便给B市博物馆打电话查询郑某买卖铜像一事。郑某以购买铜像是为馆里收藏，而不是个人行为回答公安局。

2010年10月，郑某填写了一张文物征集单作为文物入库凭证，经手人由杨某签字，领导审核由郑某签字。专程到公安局汇报了此事，证明这几尊铜像已经被博物馆收藏。

2011年2月，B市博物馆主管文物的副馆长例行工作检查时，发现了这张征集单，但却没有见到文物，立即向领导汇报了此事。经过多次与郑某面谈，郑某才将这几尊铜像上交。经B市相关部门调查核实，对郑某作出撤销B市博物馆馆长职务的处分。

案例点睛

中华人民共和国境内地下、内水和领海中遗存的一切文物都属于国家所有。本案中，发现出土文物应该报告并上交，不应由郑某私自保存，否则应由公安部门追缴。

博物馆藏品管理办法规定，征集文物、标本时，必须注意搜集原始资料，认真做好科学记录，及时办理入馆手续，逐件填写入馆凭证或清册，组织有关人员认真进行鉴定，确定真伪、年代、是否入藏并分类、定名、定级。鉴定记录应包括鉴定意见及重要分歧意见。凡符合入藏标准的，应连同有关原始资料一并入藏。各种凭证每年装订成册，集中保存。本案中，杨某到丙县收购文物，没有按规定收集原始资料，也没有做科学记录。郑某在得到文物后，在长达一年的时间里，没有向博物馆移交文物，也没有及时组织有关专家进行鉴定，确定真伪，分类定级。

根据文物保护法第七十六条规定，“文物行政部门的工作人员违反本法规定，滥用审批权限、不履行职责或者发现违法行为不予查处，造成严重后果的”及“文物行政部门和国有文物收藏单位的工作人员借用或者非法侵占国有文物的”依法给予行政处分，情节严重的，依法开除公职或者吊销其从业资格；构成犯罪的，依法追究刑事责任。

法条链接

《博物馆藏品管理办法》

第七条 征集文物、标本时，必须注意搜集原始资料，认真做好科学记录，及时办理入馆手续，逐件填写入馆凭证或清册，组织有关人员认真进行鉴定，确定真伪、年代、是否入藏并分类、定名、定级。鉴定记录应包括鉴定意见及重要分歧意见。凡符合入藏标准的，应连同有关原始资料一并入藏。各种凭证每年装订成册，集中保存。

《中华人民共和国文物保护法》

第五条 中华人民共和国境内地下、内水和领海中遗存的一切文物，属于国家所有。

古文化遗址、古墓葬、石窟寺属于国家所有。国家指定保护的纪念建筑物、古建筑、石刻、壁画、近代现代代表性建筑等不可移动文物，除国家另有规定的以外，属于国家所有。

国有不可移动文物的所有权不因其所依附的土地所有权或者使用权的改变而改变。

下列可移动文物，属于国家所有：

（一）中国境内出土的文物，国家另有规定的除外；

（二）国有文物收藏单位以及其他国家机关、部队和国有企业、事业组织等收藏、保管的文物；

（三）国家征集、购买的文物；

（四）公民、法人和其他组织捐赠给国家的文物；

（五）法律规定属于国家所有的其他文物。

属于国家所有的可移动文物的所有权不因其保管、收藏单位的终止或者变更而改变。

国有文物所有权受法律保护，不容侵犯。

《中华人民共和国文物保护法》

第七十六条 文物行政部门、文物收藏单位、文物商店、经营文物拍卖的拍卖企业的工作人员，有下列行为之一的，依法给予行政处分，情节严重的，依法开除公职或者吊销其从业资格；构成犯罪的，依法追究刑事责任：

（一）文物行政部门的工作人员违反本法规定，滥用审批权限、不履行职责或者发现违法行为不予查处，造成严重后果的；

（二）文物行政部门和国有文物收藏单位的工作人员借用或者非法侵占国有文物的；

（三）文物行政部门的工作人员举办或者参与举办文物商店或者经营文物拍卖的拍卖企业的；

（四）因不负责任造成文物保护单位、珍贵文物损毁或者流失的；

（五）贪污、挪用文物保护经费的。

前款被开除公职或者被吊销从业资格的人员，自被开除公职或者被吊销从业资格之日起十年内不得担任文物管理人员或者从事文物经营活动。

漫画故事16

博物馆商业化的底线在哪儿？

《博物馆条例》：博物馆从事其他商业经营活动，不得违反办馆宗旨，不得损害观众利益。

甲省C市某地航天博物馆以央企旗号于2013年5月建设航天主题乐园，并且配套一个小型博物馆。在这个小型博物馆里，摆设了几个模型，供游客参观。由于馆内陈列模型较少，时间长了也就没人看了。2013年底，该主题乐园负责人看该博物馆没有什么吸引力，未履行任何报批手续，就将其借给商业公司做活动。该馆负责人因严重违规被责令停职检查，并停止商业活动。

案例点睛

博物馆条例规定，博物馆不得从事文物等藏品的商业经营活动。博物馆从事非文物藏品的商业经营活动，或者从事其他商业经营活动违反办馆宗旨、损害观众利益的，由省、自治区、直辖市人民政府文物主管部门或者有关登记管理机关按照职责分工，责令改正，有违法所得的，没收违法所得，并处违法所得二倍以上五倍以下罚款。

在具体的操作中，博物馆商业化运作应注意守好两条底线。一是不能影响文物安全。商业化运作为的是增强博物馆的发展能力，但是，如果因为不合理的商业开发使得文博资源遭到破坏，还谈何发展！商业化必须以文物保护为前提，充分考虑文物资源的承受能力，规避任何可能的风险隐患。二是应当符合文化定位。博物馆搞商业开发，应该根据自身特点，把精力用在挖掘藏品内涵上，通过与文化创意、旅游等产业相结合，开发衍生产品。

法条链接

《博物馆条例》

第十九条 博物馆依法管理和使用的资产，任何组织或者个人不得侵占。

博物馆不得从事文物等藏品的商业经营活动。博物馆从事其他商业经营活动，不得违反办馆宗旨，不得损害观众利益。博物馆从事其他商业经营活动的具体办法由国家文物主管部门制定。

第四十条第二款 博物馆从事非文物藏品的商业经营活动，或者从事其他商业经营活动违反办馆宗旨、损害观众利益的，由省、自治区、直辖市人民政府文物主管部门或者有关登记管理机关按照职责分工，责令改正，有违法所得的，没收违法所得，并处违法所得2倍以上5倍以下罚款；没有违法所得的，处5000元以上2万元以下罚款；情节严重的，由登记管理机关撤销登记。

漫画故事 17

博物馆值班人员玩忽职守该如何处罚?

《博物馆条例》：县级以上人民政府文物主管部门或者其他有关部门及其工作人员玩忽职守的，由本级人民政府或者上级机关责令改正，通报批评；对直接负责的主管人员和其他直接责任人员依法给予处分。

某日，存放在A省B市博物馆中的国家二级文物，辽代的一尊石佛头像被盗。事件发生后，B市相关部门立即进行调查。经查，当晚在博物馆中的4名值班人员在休息室中打牌，无人进行巡查，致使石佛头像被盗，造成了较大的经济损失。为此B市文化局决定给予4名值班人员严重警告、记大过处分，并追究了博物馆相关领导的责任。

案例点睛

本案中，由于值班人员玩忽职守，造成二级文物被盗。根据博物馆条例相关规定，县级以上人民政府文物主管部门或者其他有关部门及其工作人员玩忽职守的，由本级人民政府或者上级机关责令改正，通报批评；对直接负责的主管人员和其他直接责任人员依法给予处分。

法条链接

《博物馆条例》

第四十三条 县级以上人民政府文物主管部门或者其他有关部门及其工作人员玩忽职守、滥用职权、徇私舞弊或者利用职务上的便利索取或者收受他人财物的，由本级人民政府或者上级机关责令改正，通报批评；对直接负责的主管人员和其他直接责任人员依法给予处分。

三、文物行政执法

漫画故事 18

谁有权处罚破坏古寨的行为?

《中华人民共和国文物保护法》：县级以上地方人民政府承担文物保护工作的部门对本行政区域内的文物保护实施监督管理。

2010年3月10日，甲省A县村民杜某与该省B县某村签订了将古寨所有土方卖给杜某的协议，5月20日起即可在约定位置取土。B县文物保护管理所接到群众举报后，立即向杜某送达了不得在古寨取土的通知。5月26日，县文化局公告将古寨核定为不可移动文物，并向社会公布。

6月20日，B县文物保护管理所的执法人员会同镇派出所的干警一同向杜某送达了古寨已被确定为文物保护单位的有关文件及责令其立即停止在古寨取土的通知，但杜某并未停止取土行为。

2010年8月10日，B县文物保护管理所向杜某作出并送达了行政处罚告知书。9月10日，在B县文化局召开了行政处罚听证会。10月22日，B县文物保护管理所对杜某作出了行政处罚决定书，处罚决定书认定杜某破坏了文物单位古寨的南城墙，故作出决定：(1）责令杜某立即停止取土；(2）对杜某罚款10万元；(3）杜某赔偿文物损失10万元。

杜某不服县文物保护管理所的处罚决定，以被告县文物保护管理所不是文物核定单位，不具备处罚主体资格，其作出的处罚决定认定事实不清，适用法律错误，依法应予撤销为由，向法院提起了诉讼。

经法院一审，判决如下：（1）维持县文物保护管理所于2010年10月22日作出行政处罚决定书中第一、二项“责令立即停止取土和罚款10万元”的决定；(2）撤销县文物保护管理所于2010年10月22日作出行政处罚决定书中第三项“赔偿文物损失10万元”的决定。

案例点睛

杜某认为县文物保护管理所不享有独立的处罚主体资格是不正确的。县文物保护管理所属县级文物保护工作的管理部门，根据文物保护法有关规定，地方各级人民政府负责本行政区域内的文物保护工作。县级以上地方人民政府承担文物保护工作的部门对本行政区域内的文物保护实施监督管理。县级以上人民政府有关行政部门在各自的职责范围内，负责有关的文物保护工作。

鉴于杜某在古寨文物保护单位区域内挖掘取土的事实及对文物古迹毁坏严重的事实，故对行政处罚决定书认定的事实予以确认。县文物保护管理所被诉的具体行政行为符合法定程序，对此应予以确认。

原告只是在古寨挖掘取土，应依法给予行政处罚并责令其停止取土行为，但不符合赔偿损失的法定要件。因此，被告在处罚决定中要求原告赔偿10万元的主张因无法律依据，不予支持；行政处罚决定书中的其他两项处罚内容法院予以确认。

法条链接

《中华人民共和国文物保护法》

第八条 国务院文物行政部门主管全国文物保护地方各级人民政府负责本行政区域内的文物保护工作。县级以上地方人民政府承担文物保护工作的部门对本行政区域内的文物保护实施监督管理。

县级以上人民政府有关行政部门在各自的职责范围内，负责有关的文物保护工作。

漫画故事 19

能否在文物保护单位范围内进行其他工程建设？

《中华人民共和国文物保护法》：文物保护单位的保护范围内不得进行其他建设工程或者爆破、钻探、挖掘等作业。

甲省B市M煤矿旧址部分建筑为该省第三次全国不可移动文物普查十大新发现，2011年12月被甲省人民政府公布为甲省文物保护单位，由B市矿务集团有限公司所属X实业有限公司管理使用。2014年4月，甲省文物局巡查发现该煤矿旧址遭到施工破坏，要求停止施工，责成B市文物局立案调查。经查，2014年2月，Y区委区政府与B市矿务集团签署协议，擅自决定在M煤矿旧址建设工业广场。4月至5月，X实业有限公司拒不服从省、市文物部门停工要求，委托某房屋拆除公司擅自拆除多处文物建筑，致使M煤矿旧址遭到严重破坏。

10月，国家文物局将该案件公开通报。甲省政府和B市委市政府高度重视，Y区委区政府主要领导及国土、住建、规划等部门责任人被给予党纪或行政处分，X实业有限公司党委副书记等人受到行政记过、撤职等处分。公安机关对相关责任人进行刑事拘留。B市文物局对X实业有限公司罚款50万元并责令改正，对某房屋拆除公司罚款50万元。Y区委区政府积极整改，按照甲省文物局批复的M煤矿旧址部分被损文物修复方案，组织实施了修复工程。2015年7月，修复工程完工，煤矿旧址文化公园建成开放。

案例点睛

本案中，Y区委区政府与B市矿务集团签署协议，擅自决定在M煤矿旧址建设工业广场违反了文物保护法第十七条、第二十三条的规定。文物保护单位的保护范围内不得进行其他建设工程或者爆破、钻探、挖掘等作业。核定为文物保护单位的属于国家所有的纪念建筑物或者古建筑，除可以建立博物馆、保管所或者辟为参观游览场所外，作其他用途的，市、县级文物保护单位应当经核定公布该文物保护单位的人民政府文物行政部门征得上一级文物行政部门同意后，报核定公布该文物保护单位的人民政府批准；省级文物保护单位应当经核定公布该文物保护单位的省级人民政府的文物行政部门审核同意后，报该省级人民政府批准。

甲省政府和B市委市政府对本案件的高度重视，对M煤矿旧址部分建筑被擅自拆除采取整改与修复计划，使违法案件变文保工程、民心工程；启动司法程序、行政责任追究机制，对相关人员作出相应处罚，追责全面，有效遏制了文物违法势头；相关职能部门和地方政府严格依法行政，积极履行了文物保护法定职责。

法条链接

《中华人民共和国文物保护法》

第十七条 文物保护单位的保护范围内不得进行其他建设工程或者爆破、钻探、挖掘等作业。但是，因特殊情况需要在文物保护单位的保护范围内进行其他建设工程或者爆破、钻探、挖掘等作业的，必须保证文物保护单位的安全，并经核定公布该文物保护单位的人民政府批准，在批准前应当征得上一级人民政府文物行政部门同意；在全国重点文物保护单位的保护范围内进行其他建设工程或者爆破、钻探、挖掘等作业的，必须经省、自治区、直辖市人民政府批准，在批准前应当征得国务院文物行政部门同意。

《中华人民共和国文物保护法》

第二十三条 核定为文物保护单位的属于国家所有的纪念建筑物或者古建筑，除可以建立博物馆、保管所或者辟为参观游览场所外，作其他用途的，市、县级文物保护单位应当经核定公布该文物保护单位的人民政府文物行政部门征得上一级文物行政部门同意后，报核定公布该文物保护单位的人民政府批准；省级文物保护单位应当经核定公布该文物保护单位的省级人民政府的文物行政部门审核同意后，报该省级人民政府批准；全国重点文物保护单位作其他用途的，应当由省、自治区、直辖市人民政府报国务院批准。国有未核定为文物保护单位的不可移动文物作其他用途的，应当报告县级人民政府文物行政部门。

漫画故事20

在古建筑群控制区域进行建设是否违法？

《中华人民共和国文物保护法》：在文物保护单位的建设控制地带内进行建设工程，不得破坏文物保护单位的历史风貌。

甲省B市三清山古建筑群于1987年被甲省人民政府公布为第三批省级文物保护单位，2013年被国务院公布为第七批全国文物重点保护单位，由B市三清山旅游产业发展集团公司管理使用。2014年5月，B市文物行政部门检查发现，三清山古建筑群中三清宫周边正在施工建设，B市文物保护执法支队责令停工并立案调查。经查，B市三清山旅游产业发展集团公司未经文物行政部门同意，也未报城乡建设规划部门批准，擅自在三清宫建设控制地带内实施东西厢房复原重建工程。

B市文物局根据文物保护法的相关规定，作出给予B市三清山旅游产业发展集团公司责令拆除违法建筑物，恢复文物原貌，并处罚款30万元的行政处罚决定。该公司在规定期限内缴纳了罚款，自行将违法建筑物拆除，恢复了文物保护单位的历史风貌。

案例点睛

本案中，B市三清山旅游产业发展集团公司违反文物保护法第十八条的规定，即根据保护文物的实际需要，经省、自治区、直辖市人民政府批准，可以在文物保护单位的周围划出一定的建设控制地带，并予以公布。在文物保护单位的建设控制地带内进行建设工程，不得破坏文物保护单位的历史风貌；工程设计方案应当根据文物保护单位的级别，经相应的文物行政部门同意后，报城乡建设规划部门批准。

文物保护法还规定，在文物保护单位的建设控制地带内进行建设工程，其工程设计方案未经文物行政部门同意、报城乡建设规划部门批准，对文物保护单位的历史风貌造成破坏的，尚不构成犯罪的，由县级以上人民政府文物主管部门责令改正，造成严重后果的，处5万元以上50万元以下的罚款；情节严重的，由原发证机关吊销资质证书。B市文物局对案件及时处置，违法建筑拆除、整改得力，处罚得当。补齐了文物环境破坏案件整改落实难的短板，对促进基层地方文物行政执法工作具有指导作用。

法条链接

《中华人民共和国文物保护法》

第十八条 根据保护文物的实际需要，经省、自治区、直辖市人民政府批准，可以在文物保护单位的周围划出一定的建设控制地带，并予以公布。

在文物保护单位的建设控制地带内进行建设工程，不得破坏文物保护单位的历史风貌；工程设计方案应当根据文物保护单位的级别，经相应的文物行政部门同意后，报城乡建设规划部门批准。

《中华人民共和国文物保护法》

第六十六条 有下列行为之一，尚不构成犯罪的，由县级以上人民政府文物主管部门责令改正，造成严重后果的，处五万元以上五十万元以下的罚款；情节严重的，由原发证机关吊销资质证书：

（一）擅自在文物保护单位的保护范围内进行建设工程或者爆破、钻探、挖掘等作业的；

（二）在文物保护单位的建设控制地带内进行建设工程，其工程设计方案未经文物行政部门同意、报城乡建设规划部门批准，对文物保护单位的历史风貌造成破坏的；

（三）擅自迁移、拆除不可移动文物的；

（四）擅自修缮不可移动文物，明显改变文物原状的；

（五）擅自在原址重建已全部毁坏的不可移动文物，造成文物破坏的；

（六）施工单位未取得文物保护工程资质证书，擅自从事文物修缮、迁移、重建的。刻划、涂污或者损坏文物尚不严重的，或者损毁依照本法第十五条第一款规定设立的文物保护单位标志的，由公安机关或者文物所在单位给予警告，可以并处罚款。

四、文化保护其他相关法规

漫画故事 21

要遗址，还是要动物园？

《中华人民共和国文物保护法》：不可移动文物已经全部毁坏的，应当实施遗址保护，不得在原址重建。

某避暑山庄是由众多的宫殿以及其他处理政务、举行仪式的建筑构成的一个庞大的建筑群。1994年12月，该避暑山庄被联合国教科文组织列为世界文化遗产。

2001年5月，在避暑山庄内竟然出现了东北虎、非洲狮、大蟒等多种动物。当年的戒得堂、问月楼遗址已被一所动物园代替。整个动物园占地50多亩，园内分为猛兽区、飞禽区、水禽区和笼养区，建筑的风格与整个园林的风格保持一致。

动物园在开放的第一天共接待了6000余人，动物园深受人们的喜爱。一位老人说："以前这里乱七八糟的，没什么可看的。现在这里动物多了，情趣也多了，希望能留下动物园。"

该消息披露后，引起了媒体和社会各界强烈关注，议论纷纷。国家文物局派出了调查组，经调查发现建在园内的水族馆、狮虎馆、熊山等均未经过国家文物局批准。由此，认定避暑山庄内新设动物园为非法。有关部门认识到错误，将动物园迁出。

案例点睛

在世界文化遗产的保护中，法律手段是最重要的手段。1972年11月16日在巴黎通过的关于对国家一级保护文化和自然遗产的建议中对保护遗产规定了行政措施、法律措施和财政措施，在法律措施中规定："未经专门行政部门批准，一律不准兴建新建筑物。"

世界文化遗产保护管理办法规定，世界文化遗产中的不可移动文物，按照文物保护法及其实施条例的有关规定实施保护和管理。

文物保护法规定，使用不可移动文物，必须遵守不改变文物原状的原则，负责保护建筑物及其附属文物的安全，不得损毁、改建、添建或者拆除不可移动文物。对危害文物保护单位安全、破坏文物保护单位历史风貌的建筑物、构筑物，当地人民政府应当及时调查处理，必要时，对该建筑物、构筑物予以拆迁。

该避暑山庄既是世界文化遗产，也是全国重点文物保护单位，山庄内的任何新建、改建或者添建工程都要经国家文物局审批。

法条链接

《中华人民共和国文物保护法》

第二十二条 不可移动文物已经全部毁坏的，应当实施遗址保护，不得在原址重建。但是，因特殊情况需要在原址重建的，由省、自治区、直辖市人民政府文物行政部门报省、自治区、直辖市人民政府批准；全国重点文物保护单位需要在原址重建的，由省、自治区、直辖市人民政府报国务院批准。

《世界文化遗产保护管理办法》

第九条第二款 世界文化遗产中的不可移动文物，按照《中华人民共和国文物保护法》和《中华人民共和国文物保护法实施条例》的有关规定实施保护和管理。

漫画故事22

擅自接收外国学者参加考古发掘是否违法？

《中华人民共和国考古涉外工作管理办法》：擅自接收外国留学人员、研究学者参加考古调查、勘探、发掘活动或者延长其工作期限的，国家文物局可以给予警告或者暂停该接收单位的团体考古发掘资格。

2013年10月，甲省A市X县村民方某在开挖房屋地基时发现了青铜器，立即报告文物部门。文物部门在接到报告后，随后决定开展抢救性考古发掘。2014年5月，经国家文物局同意，由甲省考古研究院、A市考古研究所、M博物馆联合组建考古队开展考古发掘工作。考古队队长为考古研究院的何某。

考古发掘前夕，何某无

意中向其朋友史某说到发掘之事，史某的一个外国朋友对考古工作有一定的研究，便请史某向何某说明，想一起参加此次的考古发掘工作。何某对此并没有反对，也没有向相关部门说明情况并提出申请，在考古时将史某的外国朋友带到了考古现场。

案例点睛

何某擅自接收外国考古研究者参加考古发掘违反了考古涉外工作管理办法第十六条规定，即擅自接收外国留学人员、研究学者参加考古调查、勘探、发掘活动或者延长其工作期限的，国家文物局可以给予警告或者暂停该接收单位的团体考古发掘资格。

法条链接

《中华人民共和国考古涉外工作管理办法》

第十二条 外国留学人员（含本科生、研究生和进修生）以及外国研究学者在中国学习、研究考古学的批准期限在1年以上者，可以随同学习所在单位参加中方单独或者中外合作进行的考古调查、勘探、发掘活动。但须由其学习、研究所在单位征得考古调查、勘探、发掘单位的同意后，报国家文物局批准。

《中华人民共和国考古涉外工作管理办法》

第十六条 违反本办法第十二条的规定，擅自接收外国留学人员、研究学者参加考古调查、勘探、发掘活动或者延长其工作期限的，国家文物局可以给予警告或者暂停该接收单位的团体考古发掘资格。

漫画故事 23

文物修缮工程改变原状是否违法?

《文物保护工程管理办法》：文物保护工程必全面地保存、延续文物的真实历史信息和价值，保护文物本体及与之相关的历史、人文和自然环境。

甲省A市某县古寺计划于2009年5月进行修缮。2008年勘测开始时，古寺的大雄宝殿呈作粮库时的旧状，外檐为适应功能需要已被改造，各开间砖墙均砌筑至额枋下皮，门窗洞口开设比较随意。勘测资料显示，部分难以勘测到历史原状的痕迹。后经修缮单位查阅资料，将原装修设计定位正面明、次间三间为六扇落地隔扇。两稍间为隔扇槛窗，后山面不设门。

2009年6月，在工程项目实施过程中，清除前檐经评估认定不需要保留的后代砌筑墙体时，暴露出檐柱，发现了檐柱上的榫卯等装修痕迹，前檐明间有槛榫卯痕迹；两稍间柱身上有上下两组卯口痕迹，两组卯口成交叉抄手式，上下卯口的高度与明间中槛一致；次间没有任何榫卯痕迹；后檐明间砌在一个中槛，高度和前檐明间相同，残留的下碱墙还留有门口遗迹和两个青石门墩。

这些新展现的信息与原有设计依据表述内容不一致，但维修负责单位没有暂停施工，依然按照原设计依据施工。装修完工后，在清除室内垫土时，清理出了佛台台基遗迹，证实了外檐装修设计确实存在合理性，但在装修过程中已被改变。

案例点睛

文物修缮工程，是指为保护文物本体所必需的结构加固处理和维修，包括结合结构加固而进行的局部复原工程。本案中维修负责单位违反了文物保护工程管理办法第三条的规定，文物保护工程必须遵守不改变文物原状的原则，全面地保存、延续文物的真实历史信息和价值。维修负责单位发现不一致，不仅没有停工、更改设计，反而继续进行施工，最终造成修缮工程改变了原状。

法条链接

《文物保护工程管理办法》

第三条 文物保护工程必须遵守不改变文物原状的原则，全面地保存、延续文物的真实历史信息和价值；按照国际、国内公认的准则，保护文物本体及与之相关的历史、人文和自然环境。

漫画故事 24

盗掘古脊椎动物化石应如何处罚？

《中华人民共和国刑法》：盗掘国家保护的具有科学价值的古人类化石和古脊椎动物化石的，可依法进行相应的行政或刑事处罚。

佘某、孔某听说在甲省C县某村的山坡上有恐龙蛋化石，便于2008年6月10日伙同樊某、曹某使用自制炸药炸坑开挖，盗掘两枚恐龙蛋化石。

6月15日上午，C县公安局派出所民警接到当地群众举报，将佘某等人当场抓获。经C县恐龙蛋化石群国家级自然保护区管理局鉴定，被盗挖的两枚蛋化石均为恐龙蛋化石（古脊椎动物化石）。

鉴于被告人佘某等人在案发后能够如实供述自己的犯罪事实，主动缴纳罚金，检察院经审理依法判决佘某等人犯盗掘古脊椎动物化石罪，分别判处管制两年，并处罚金人民币5000元。

案例点睛

佘某未经国家文化主管部门批准，伙同他人非法私自挖掘古脊椎动物化石，其行为已构成盗掘古脊椎动物化石罪。根据刑法第三百二十八条的有关规定，盗掘国家保护的具有科学价值的古人类化石和古脊椎动物化石的，处三年以上十年以下有期徒刑，并处罚金；情节较轻的，处三年以下有期徒刑、拘役或者管制，并处罚金；情节严重的，处十年以上有期徒刑或无期徒刑，并处罚金或者没收财产。

法条链接

《中华人民共和国刑法》

第三百二十八条 盗掘具有历史、艺术、科学价值的古文化遗址、古墓葬的，处三年以上十年以下有期徒刑，并处罚金；情节较轻的，处三年以下有期徒刑、拘役或者管制，并处罚金；有下列情形之一的，处十年以上有期徒刑或者无期徒刑，并处罚金或者没收财产：

（一）盗掘确定为全国重点文物保护单位和省级文物保护单位的古文化遗址、古墓葬的；

（二）盗掘古文化遗址、古墓葬集团的首要分子；

（三）多次盗掘古文化遗址、古墓葬的；

（四）盗掘古文化遗址、古墓葬，并盗窃珍贵文物或者造成珍贵文物严重破坏的。

盗掘国家保护的具有科学价值的古人类化石和古脊椎动物化石的，依照前款的规定处罚。